KLARTEXT

Gerhard Launer

MÜNCHEN
VON OBEN

Die schönsten Luftbilder der Stadt

GERHARD LAUNER,
Jahrgang 1949, wollte eigentlich Musiker werden. Doch aufgrund eines Unfalls musste er dieses Ziel aufgeben und wurde stattdessen Diplom-Grafikdesigner. Bereits während des Studiums erlangte er die Privatpilotenlizenz und später die Berufspilotenlizenz. Als Luftbildfotograf verbindet Gerhard Launer seine Interessen Fotografie und Fliegen. Mittlerweile hat er nahezu jede Stadt, jede Ortschaft und jede Sehenswürdigkeit in Deutschland fotografiert. Jedes seiner Bilder bietet neue Entdeckungen von oben, macht Landschaften zu Gemälden und zeigt ihre besonderen Strukturen und Charakteristika.

www.wfl-gmbh.de

Bibliografische Information der Deutschen Nationalbibliothek
Die Deutsche Nationalbibliothek verzeichnet diese Publikation in der Deutschen Nationalbibliografie; detaillierte bibliografische Daten sind im Internet über http://dnb.dnb.de abrufbar.

IMPRESSUM

1. Auflage September 2020
Satz und Gestaltung: Achim Nöllenheidt
Umschlagfotos: Gerhard Launer
Umschlaggestaltung: Ina Zimmermann
Druck und Bindung: Griebsch & Rochol Druck GmbH, Gabelsbergerstraße 1, 59069 Hamm

ISBN 978-3-8375-2267-9

Jakob Funke Medien Beteiligungs GmbH & Co. KG
Jakob-Funke-Platz 1, 45127 Essen
info@klartext-verlag.de, www.klartext-verlag.de

INHALT

VORWORT 7

ANSICHTEN 8

IM & AM WASSER 34

STADTLEBEN 52

WOHNWELTEN 96

FORMEN & FARBEN 110

VORWORT

Gerhard Launers beeindruckende Luftaufnahmen nehmen den Betrachter mit auf eine spannende Reise durch München. Atemberaubende Ausblicke bieten völlig neue Perspektiven und laden dazu ein, die Stadt auf eine einzigartige Weise kennenzulernen.

Aus der Vogelperspektive präsentiert der sorgfältig komponierte Bildband Städtearchitekturen und Landschaftsformen in ihrer ganzen Vielseitigkeit und Schönheit. Ungeahnte Sichtweisen und nicht gekannte Blickwinkel, Panorama- und Momentaufnahmen vermitteln eine außergewöhnliche Weite, bisher nicht gekannte Details und ein Gefühl von Zeitlosigkeit.

Gerhard Launer gehört zu den renommiertesten Luftbildfotografen. Er verbindet seine Passion für das Fliegen mit seiner Leidenschaft für die Fotografie. Diese gilt den nur von oben sichtbaren Besonderheiten und Strukturen, die den Charakter einer Stadt und der sie umgebenden Landschaft besonders verdeutlichen. Launers künstlerische Fotos als Ausdruck seiner unverwechselbaren Bildsprache und seines ganz persönlichen Blicks ermöglichen einen Perspektivwechsel, der Lust darauf macht, die Stadt München auf jeder Seite neu zu erleben.

Achim Nöllenheidt

ANSICHTEN

München vor der Kulisse
der Bayerischen Alpen

| Schloss Nymphenburg

Allianz Arena

Die Allianz Arena, Heimat
des FC Bayern München

TRADITION
GEORGIA
OSRAM-HOF
LEDERWAREN
Lederwaren

Karlsplatz, Stachus |

Olympiapark mit
Olympiastadion

Bild nachfolgende Doppelseite: das Oktoberfest-Areal bei Nacht

Flaucher-Inseln an der Isar

SHOCKER

Apollotempel am Badenburgersee,
Schlosspark Nymphenburg

Hofgarten mit Dianatempel und der Bayerischen Staatskanzlei

Bild nachfolgende Doppelseite: Angerviertel

Flughafen München „Franz Josef Strauß“

Deutsches Museum
auf der Museumsinsel

L'ORÉAL
men expert
VITA LIFT

Max-Joseph-Platz mit dem Königsbau der Residenz, dem Nationaltheater und dem Palais Toerring-Jettenbach

| Staatstheater am Gärtnerplatz

| Siegestor

IM & AM WASSER

Roseninsel, Starnberger See |

Die Isar an der Reichenbachbrücke

| Weideninsel

Feringasee,
Unterföhring

Wehrsteg an der Feuerwerksinsel (links);
Feldmochinger See (oben); Theatron im Olympiapark

Isar zwischen Reichenbachbrücke und Maximilianeum (links)

Bilder rechte Seite: Tierparkbrücke (oben); Isar bei Geiselgasteig

Stauwehr Oberföhring (links);
Thai-Sala im Westpark (oben); Neptunbrunnen im Alten Botanischen Garten

Großhesseloher Brücke im Isartal |

Übersicht (links) und Impressionen vom Starnberger See

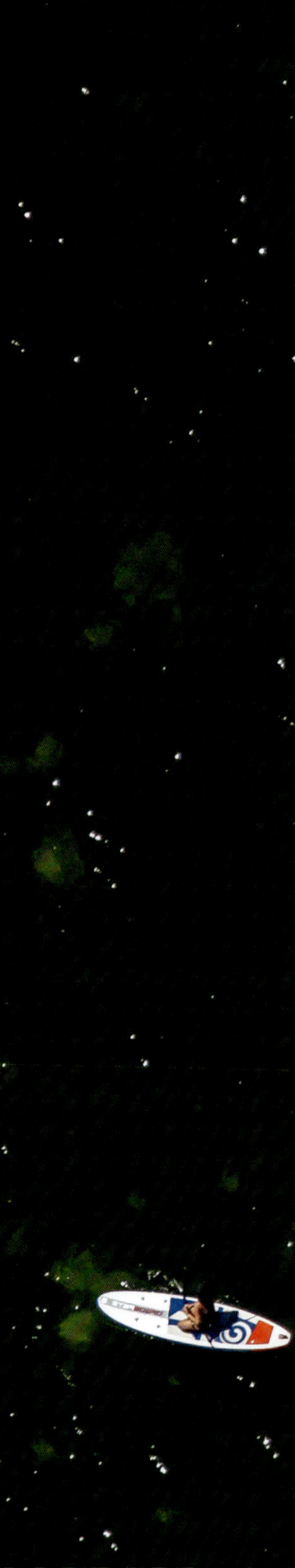

| Impressionen vom Starnberger See

STADTLEBEN

Marienplatz mit dem
Neuen Rathaus und St. Peter

Odeonsplatz mit Theatinerkirche (Bild links)
und Feldherrnhalle

Altes Rathaus (oben);
Frauenkirche

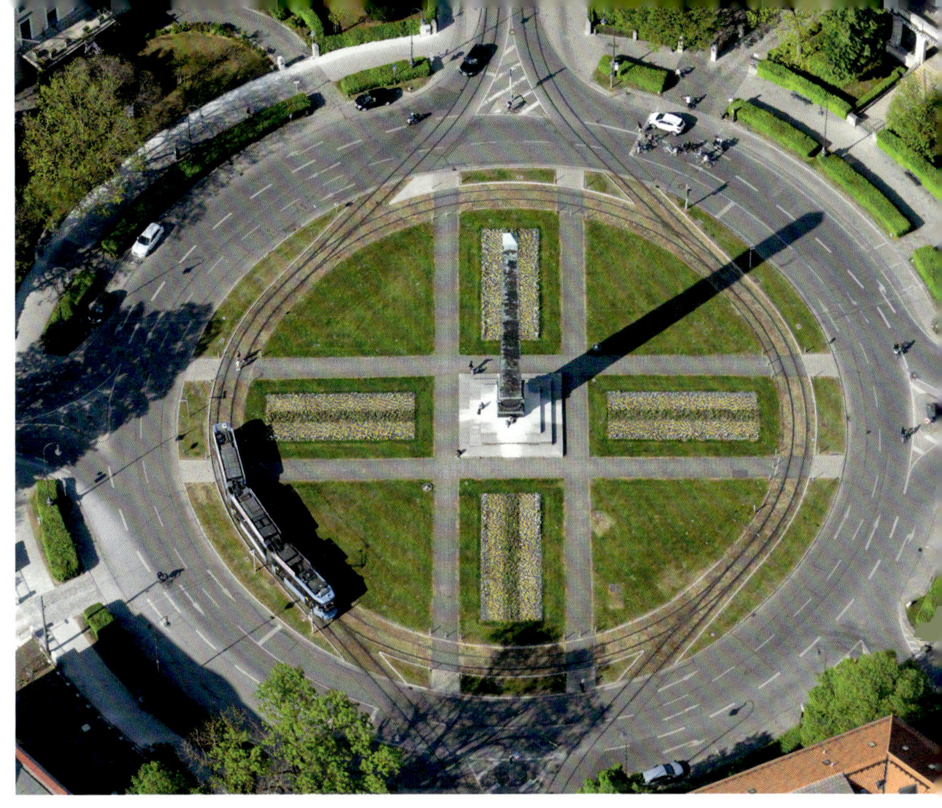

Gärtnerplatz (links);
Karolinenplatz (oben);
Luitpoldpark mit Labyrinth

Gesamtansicht Marienplatz (Bild rechts);
Fischbrunnen (oben) und Mariensäule

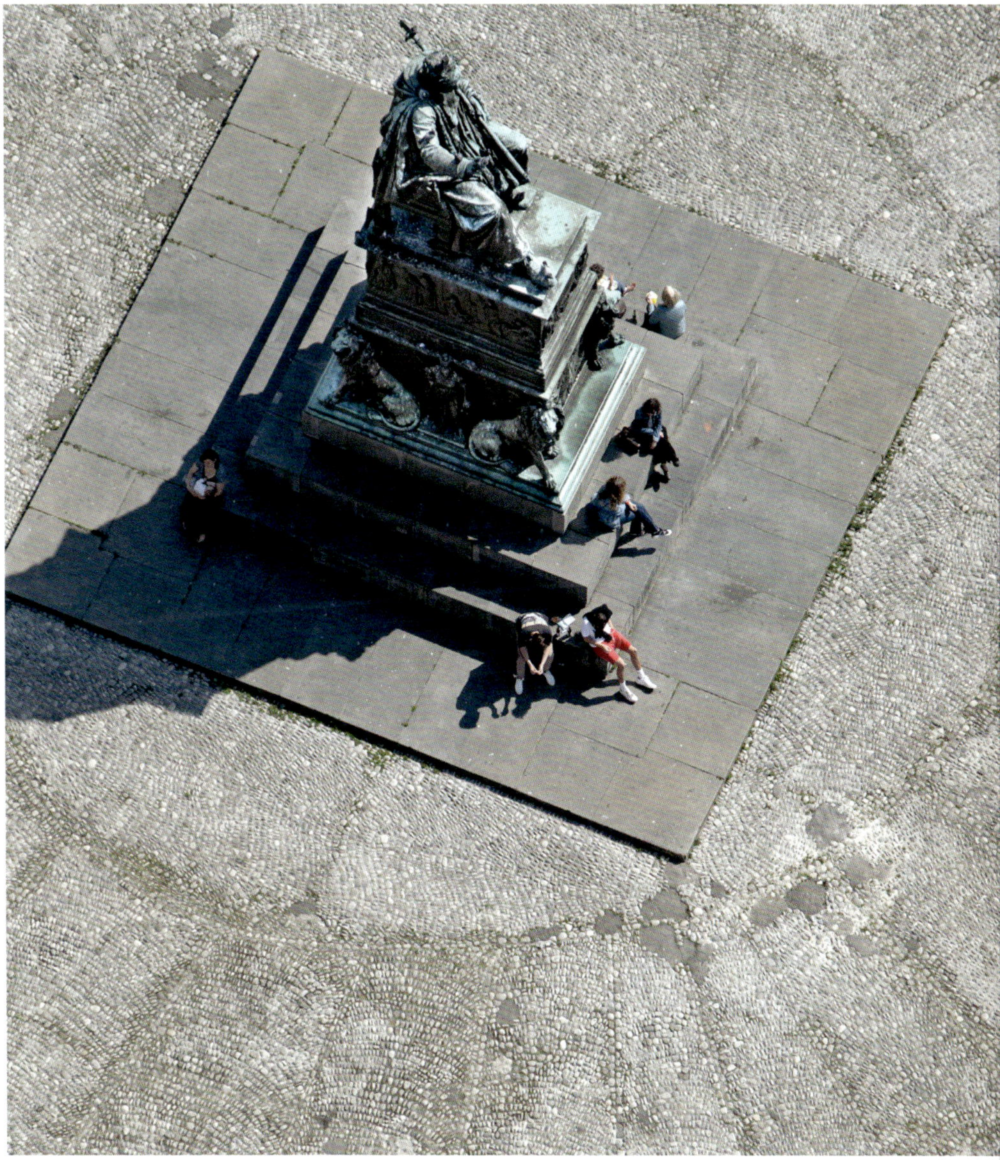

Max-Joseph-Platz mit Nationaltheater und dem Denkmal für König Maximilian I. Joseph

Viktualienmarkt (links);
Isartor (oben); Königsplatz

| Dienstgebäude der Regierung von Oberbayern

| Die Bayerische Staatskanzlei

| Englischer Garten mit dem Monopteros (unten)

Schlosspark Nymphenburg mit der Badenburg
und dem Badenburger See

| Schloss Nymphenburg

Bild rechte Seite:
Das Bamberger Haus
im Luitpoldpark

Die Amalienburg auf dem
Gelände des Schlossparks
Nymphenburg

Botanischer Garten
München-Nymphenburg

Olympiapark (Bild rechts); Gelände des ehemaligen Fliegerhorsts Neubiberg im Landschaftspark Hachinger Tal (oben); Westpark mit Rosengarten

Schloss Fürstenried (links);
Prinz-Carl-Palais (oben); Schloss Blutenburg

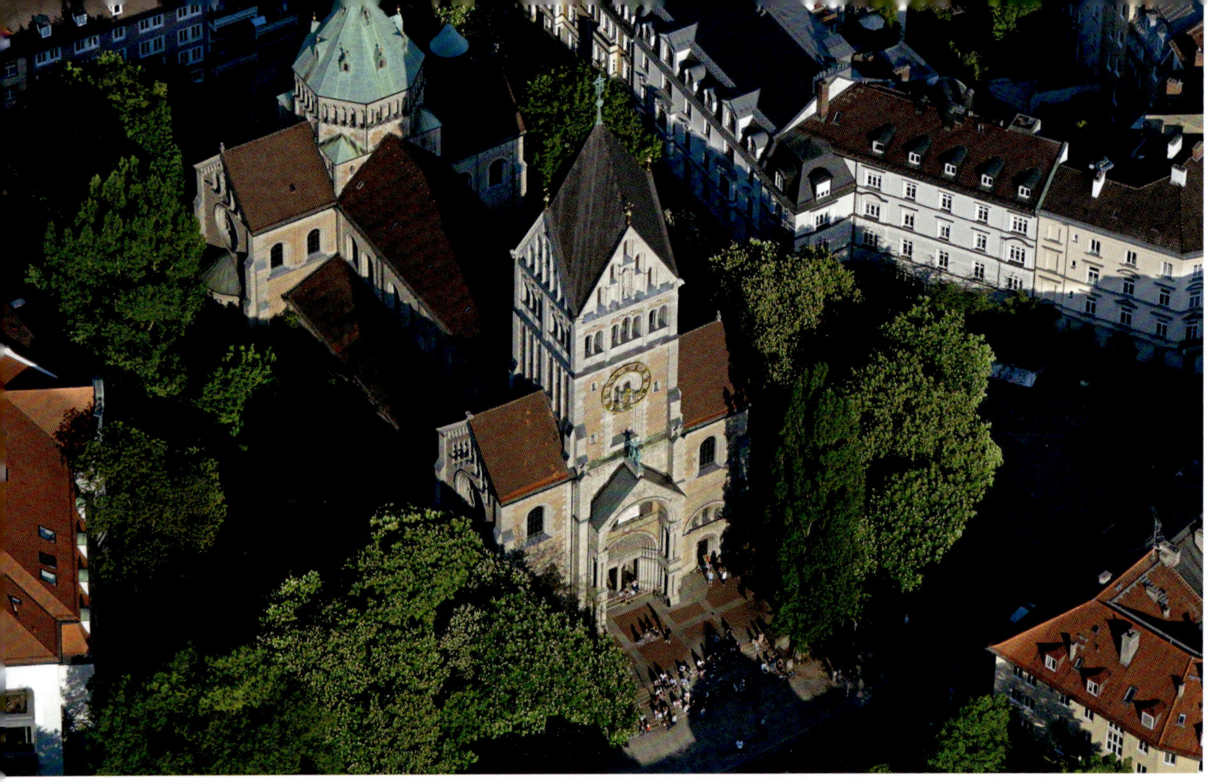

Pfarrkirche St. Anna
im Lehel

Evangelisch-lutherische
Pfarrkirche St. Lukas

| Pfarr- und Universitätskirche St. Ludwig

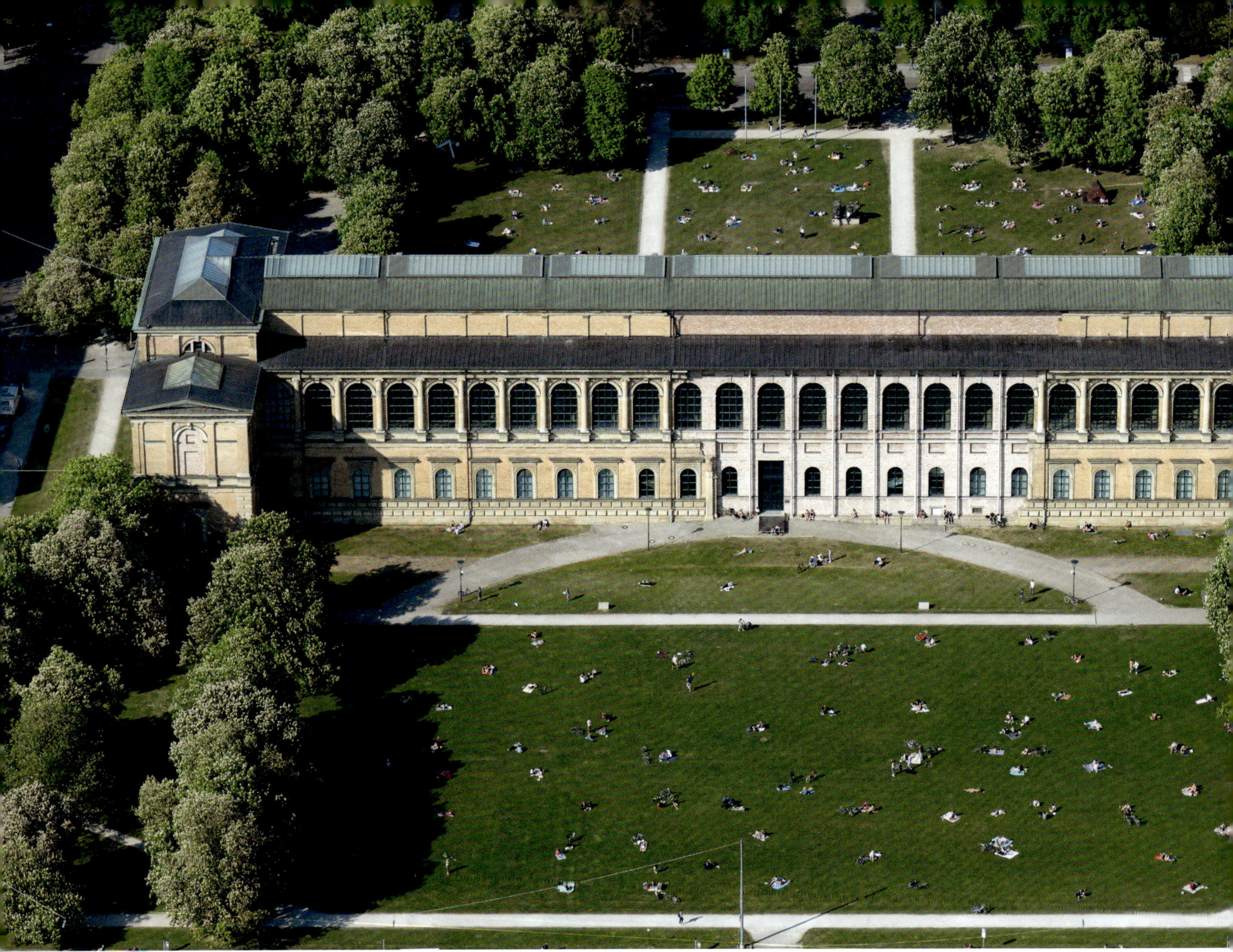

Alte Pinakothek (oben);
Pinakothek der Moderne (rechts oben); Neue Pinakothek (rechts unten)

Bayerisches
Nationalmuseum

| Die Bavaria-Statue vor der Ruhmeshalle

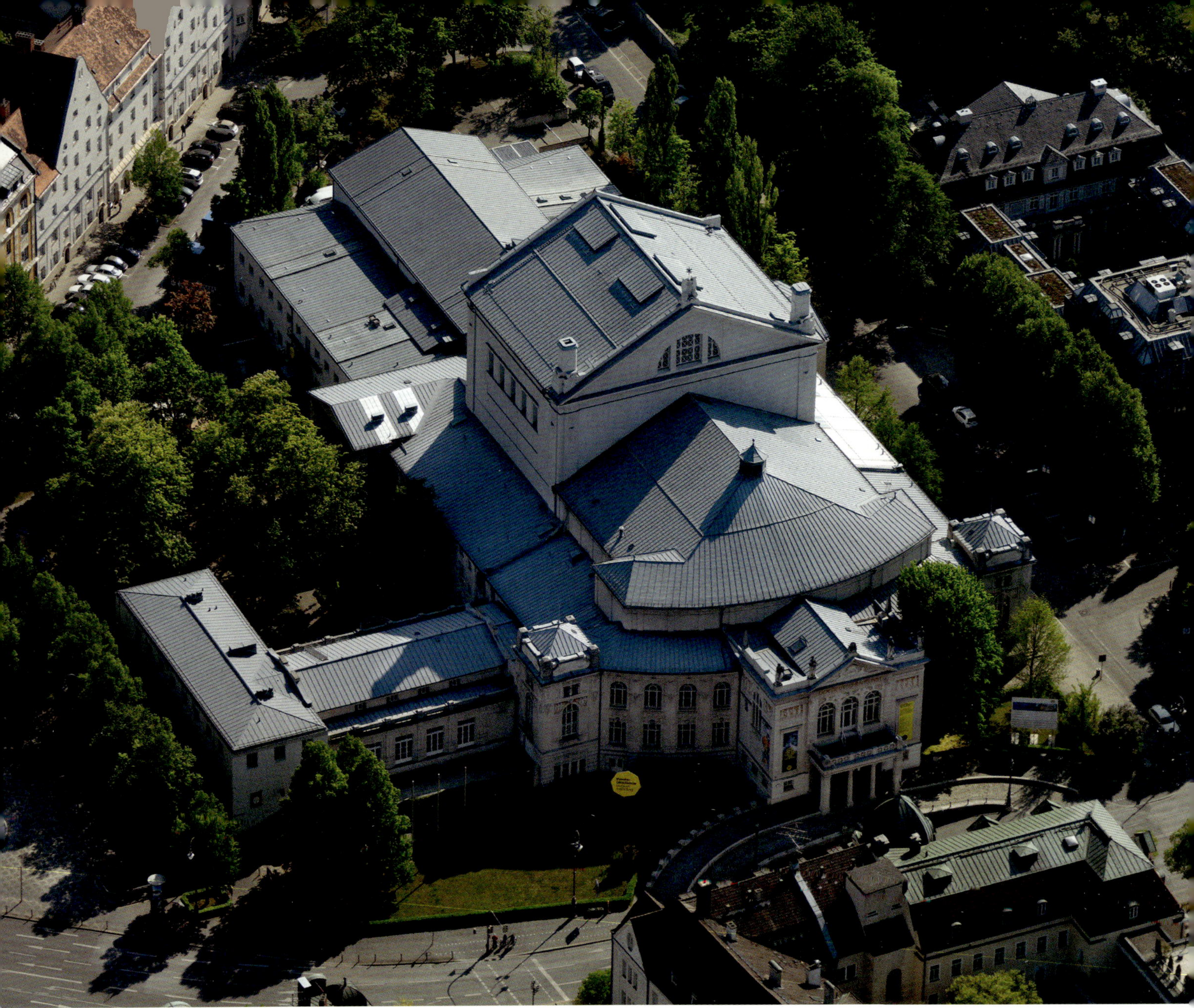

Prinzregententheater (oben);
Staatliche Antikensammlungen (rechts oben); Gasteig (rechts unten)

Bild oben: Hochschule für Musik und Theater (Hintergrund links), Deutsche Akademie der Technikwissenschaften (Vordergrund), Hochschule für Fernsehen und Film (Hintergrund rechts);
Akademie der Bildenden Künste (Bild links oben); Bavaria Filmstadt (Bild links unten)

Flughafen München
„Franz Josef Strauß“

Hauptbahnhof (Bild rechts);
Gelände der Messe München (oben); Riem Arcaden am Willy-Brandt-Platz

Bild rechte Seite:
Highlight Towers, Nutzer u.a. Fujitsu, Unify und IBM

Der denkmalgeschützte HVB-Tower, Unternehmenssitz der Unicredit Bank AG

Campeon Park mit den Unternehmen Infineon Technologies AG und Intel Mobile Communications

IBM
FUJITSU
Microsoft

| Hauptgebäude der Munich Re in der Königinstraße

| BMW Welt

Wohnanlage Olympisches Dorf

WOHNWELTEN

Modernes Wohngebäude
mit Innenpark, Obere Au

| Wohnhäuser an der Herzogstraße, Schwabing

| Villensiedlung in Geiselgasteig, Grünwald

| Wohnanlage am Theodor-Heuss-Platz, Neuperlach

| Parkstadt Schwabing

Carl-Orff-Bogen-Park, Schwabing-Freimann (links);
Siemensstadt, Neuperlach

Bunt bemaltes Bürogebäude des Kistlerhof-Areals mit dem
Skulpturengarten „Heaven 7“ des Künstlers Wolfgang Flatz, Sendling

| Wohnanlage an der Heinrich-Böll-Straße, Messestadt Riem

Centa-Herker-Bogen, Schwabing-West

Wohnanlage Georg-Kerschensteiner-Straße, Riem

Margit-Schramm-Straße,
Neuhausen-Nymphenburg

Dachauer Straße,
Neuhausen-Nymphenburg

FORMEN & FARBEN

Parkplatz am Olympiastadion |

Parkhaus der Messe München (oben);
Erdzeichen „Eine Insel für die Zeit“ von Wilhelm Holderied und Karl Schlamminger, das Kunstwerk am Flughafen München

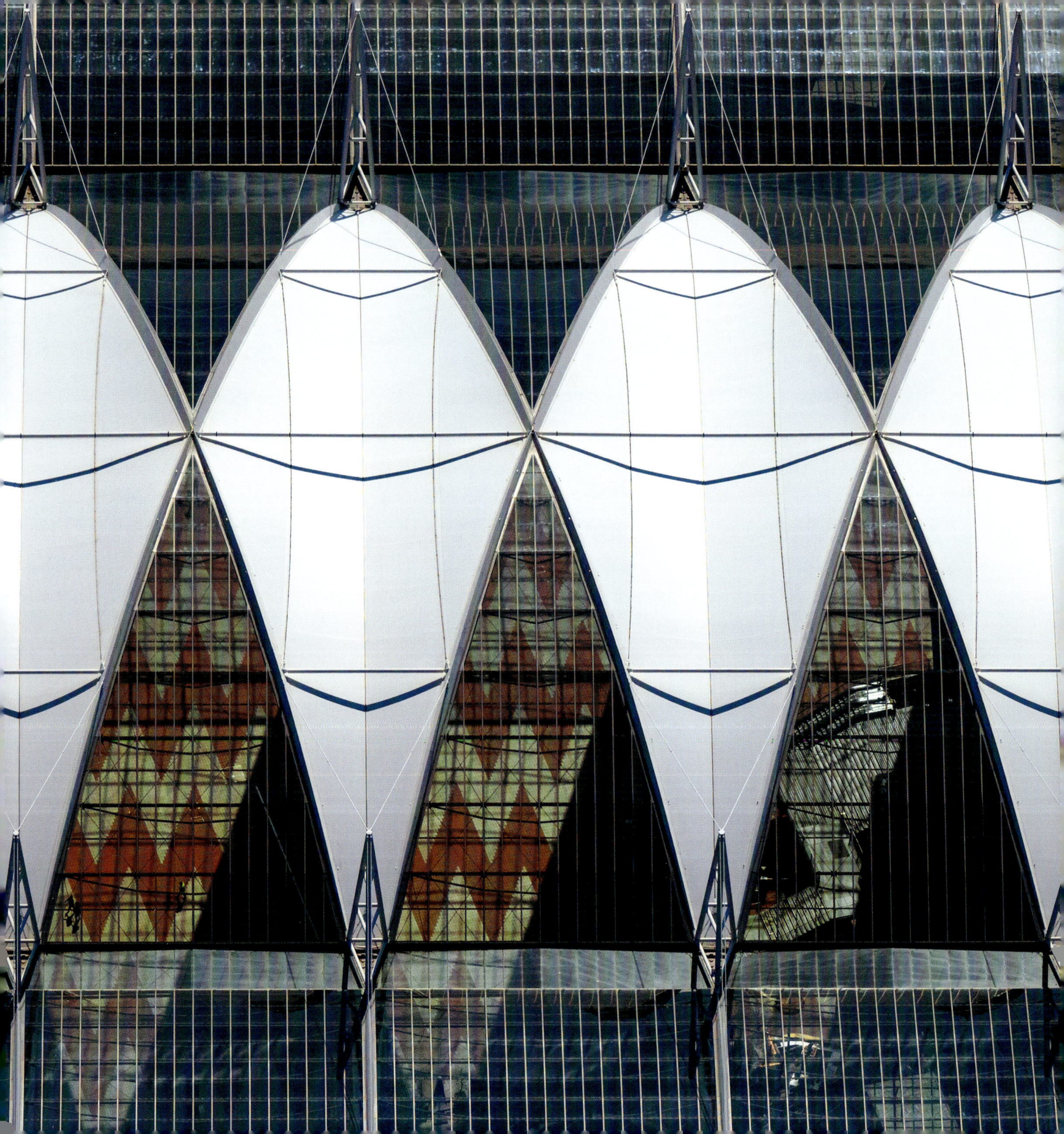

Flughafen München „Franz Josef Strauß“ (links);
ADAC-Zentrale in Sendling-Westpark

Ostfriedhof (links);
Fernsehturm

Städtische Grundschule in Neuhausen-Nymphenburg

| Hochhaus Süddeutscher Verlag

| Fensterfront Holiday Inn Express, City West